NOTICE

LE P. PASCASE BROËT

DE LA COMPAGNIE DE JÉSUS.

NOTICE

SUR

LE P. PASCASE BROËT

DE LA COMPAGNIE DE JÉSUS,

L'UN DES DIX PREMIERS COMPAGNONS DE SAINT IGNACE,

Par le **P. Antoine BONUCCI**, de la même Compagnie,

SUIVIE

D'UNE NOTE

SUR LE LIEU DE LA NAISSANCE ET SUR LA FAMILLE

DU P. BROËT,

Par le même P. A. Bonucci.

Traduction de l'italien.

METZ

TYPOGRAPHIE ET LITHOGRAPHIE DE NOUVIAN.

—

1868

NOTICE

SUR

LE P. PASCASE BROËT

DE LA COMPAGNIE DE JÉSUS.

Si, dans le ciel visible, vers lequel nos regards s'élèvent si souvent, nous observons parmi les étoiles, selon la remarque de saint Paul, cette grande diversité qui provient du degré plus ou moins vif de lumière qu'elles répandent : *Stella enim a stella differt in claritate* (1 Cor. XV, 41) ; il existe aussi, dans le ciel mystique de l'Église, entre les Élus, une variété non moins admirable, qui procède des vertus par lesquelles chacun d'eux brille d'un éclat qui lui est propre.

Le vénérable serviteur de Dieu, dont nous allons retracer la vie, a, lui aussi, son caractère distinctif ; et nous le retrouvons dans cette prudente simplicité, si vivement recommandée par Jésus-Christ à ses apôtres, et à l'acquisition de laquelle Pascase Broët s'attacha avec tant de succès, que, d'après le témoignage des grands hommes et des saints qui vécurent dans son intimité, personne ne semblait pouvoir lui être comparé sous ce rapport.

Né en l'année 1500, au village de Bertrancourt, dans le diocèse d'Amiens, d'une modeste famille d'agriculteurs, Pascase Broët, au sortir de cette première éducation que des parents chrétiens peuvent seuls donner, fut envoyé dans une école, où il fit des progrès si rapides dans les lettres et la piété que, dès qu'il eut atteint l'âge convenable, il reçut la consécration sacerdotale. Il ne revit alors sa famille que pour l'édifier par les exemples d'une sainteté précoce. Comprenant l'efficacité que son ministère pourrait tirer de la science, il alla s'établir à Paris, pour s'y adonner à l'étude de la philosophie et de la théologie; et ses succès lui méritèrent, dans l'une et l'autre faculté, le titre de maître et de docteur de Sorbonne [1].

C'était vers l'époque où saint Ignace, après avoir réuni six de ses premiers compagnons, retournait momentanément en Espagne. Avant de quitter la France, le saint fondateur avait confié à la fidélité du V. P. Pierre Lefèvre le petit troupeau des premiers enfants que, dans les rangs de cette célèbre Université de Paris, il avait gagnés, comme lui, à Jésus-Christ.

Pierre, dont l'autorité sur ses amis ne le cédait qu'à

[1] Voir la note à la fin de la Notice.

celle d'Ignace, réussit, par la prudence et la suavité de sa direction, non-seulement à conserver les conquêtes que son bienheureux Père avait confiées à sa sollicitude, mais encore à lui en adjoindre de nouvelles, parmi lesquelles Pascase Broët doit certainement être compté comme une des plus précieuses.

La générosité de son sacrifice fut entière; et la ferveur avec laquelle il entreprit, sous la conduite du P. Lefèvre, les exercices spirituels, fut si grande, qu'il resta pendant trois jours sans prendre aucun aliment, comme si, affranchi des soins du corps, il n'avait plus eu qu'à nourrir son âme de cette précieuse rosée que le Père des miséricordes faisait descendre sur elle.

Transformé en un autre homme, à la clarté des vérités éternelles, il se détacha complétement des biens périssables et passagers de la terre, pour se livrer tout entier à l'amour de cette beauté et de cette bonté par excellence, dont la possession seule peut nous rendre parfaitement heureux.

Sa ferveur et sa générosité à se vaincre lui-même s'accrurent de plus en plus, lorsqu'il se vit admis dans cette société des Enfants d'Ignace, si petite par le nombre, mais déjà si grande par la vertu ; et il n'eut plus d'autre but que de s'attacher invariablement aux règles tracées par le sage fondateur, tant pour ses études que pour sa conduite intérieure.

Son humilité vénérait dans ses compagnons autant

de supérieurs, quoique chacun lui portât l'affection d'un frère. Dispersés encore, à cette époque, dans différentes maisons, ils se retrouvaient les dimanches et les fêtes. Pierre Lefèvre, Claude Lejay et Pascase Broët célébraient alors la messe ; et les autres qui n'étaient pas encore prêtres, recevaient la communion de leurs mains ; puis ils se réunissaient dans un modeste repas, auquel présidait la joie la plus vraie, et que sanctifiaient des entretiens sur le bonheur du ciel.

Leur vie s'écoulait dans cette bienheureuse fraternité, et Pascase avait vu se resserrer ses liens par les vœux de pauvreté et de chasteté perpétuelles, qu'il avait, à l'exemple de ses frères, prononcés à Montmartre sur le tombeau des martyrs, lorsque vint à éclater la guerre entre François Ier et Charles-Quint, au sujet du duché de Milan.

La Provence fut aussitôt envahie par les troupes impériales. Alors notre petite milice, qui avait reçu d'Ignace l'ordre de se trouver à Venise le 25 janvier de l'année suivante, résolut d'effectuer son départ dès le 15 novembre 1536, de peur que, plus tard, les chemins ne fussent entièrement interceptés. Les souffrances et les difficultés du voyage furent une bonne fortune pour elle ; mais la protection de Dieu éclata souvent d'une manière tout-à-fait miraculeuse sur ses serviteurs, au milieu des périls qui menacèrent plusieurs fois leur vie, de la part des hommes et des éléments, et particulièrement des dangers qu'ils rencontrèrent parmi les hérétiques.

Couverts des livrées de la pauvreté, et portant ostensiblement sur eux la couronne de Notre-Dame, c'est-à-dire, la profession publique de la foi catholique, ils cheminaient à pied, avec une si admirable modestie, qu'elle inspirait un sentiment de vénération aux plus indifférents. L'offrande du saint sacrifice de la messe, auquel participaient, par la communion, tous ceux qui n'étaient pas prêtres, la méditation, le chant des psaumes, et des conférences spirituelles remplissaient les heures de la journée.

L'accès de la Provence leur étant fermé, ils s'étaient dirigés vers la Lorraine, où des pluies torrentielles avaient rendu les chemins presque impraticables, et où ils rencontrèrent l'armée française qui semait partout la dévastation sur son passage. Aussi l'apparition de ces pieux pèlerins paraissait-elle si extraordinaire, dans de telles circonstances, qu'on leur demandait naïvement s'ils étaient venus par les airs.

Les neiges accumulées en Allemagne les arrêtèrent pendant quelques jours. Enfin le 8 Janvier 1537 ils arrivèrent à Venise, et ils trouvèrent, dans les embrassements de leur bien aimé Père saint Ignace, une récompense bien supérieure à toutes leurs récentes fatigues ; mais Pascase Broët, le dernier reçu, et comme le Benjamin de la famille, fut l'objet de démonstrations plus affectueuses encore.

Témoins de l'indicible amour avec lequel Ignace servait les malades de l'hôpital, les assistant et les consolant à toute heure du jour ou de la nuit, ses disciples se consacrèrent aux mêmes œuvres de miséricorde. La ville de Venise s'émut tout entière à la vue de leur dévouement. Ses nobles sénateurs accouraient pour assister à un spectacle si digne des regards de Dieu et des Anges, et ils se retiraient pénétrés d'une profonde admiration. La rage de l'enfer rendit elle-même hommage à la sainteté de nos pieux infirmiers par ces paroles sorties de la bouche d'une possédée : « Ah ! que n'ai-je pas fait pour empêcher » ces hommes de venir ici, et mes efforts ont été » inutiles ! Maudit soit celui qui les y a attirés ! Ce » sont des hommes d'un mérite bien supérieur à » celui qu'ils laissent paraître, des hommes qui me » donneront bien du mal par leur science et leur » vertu ! »

Pascase resta occupé de ces soins jusqu'à la fin du Carême, époque à laquelle il se rendit à Rome avec ses frères. Les intempéries de la saison, et leur extrême pauvreté, leur fournirent encore l'occasion de satisfaire leur attrait pour les souffrances. Il leur arriva de tomber, épuisés de fatigue, ne pouvant faire un pas de plus, après avoir passé jusqu'à trois jours de suite, sans avoir même un morceau de pain ! Mais le secours de Dieu devait se faire sentir enfin. Les Anges, dit un de leurs historiens, devinrent leurs pourvoyeurs, et ils leur fut permis d'atteindre le but qu'ils se proposaient.

De Rome, où ils avaient été comblés des bénédictions du Pape Paul III, ils retournèrent à Venise, et le P. Broët fut, bientôt après, envoyé avec Bobadilla à Padoue, où, pour donner une idée de l'austérité de leur vie, il suffira de dire que leur lit consistait en quelques bottes de paille, lorsqu'ils ne préféraient pas la terre nue, et que le pain qu'ils allaient mendier était leur seule nourriture. Leur oraison se prolongeait pendant plusieurs heures, et leurs autres austérités n'étaient guère réglées que par leur ferveur. Leurs prédications sur les places publiques étaient si embrasées de l'amour de Dieu, et tout leur extérieur respirait un tel esprit de pénitence, que ceux-là mêmes qui, au commencement, tournaient en dérision leur langage peu correct et la nouveauté de ce spectacle, se retiraient ensuite les larmes aux yeux et la contrition au fond du cœur.

De retour à Rome en 1539, le Père Pascase y conserva les mêmes pratiques. Outre ses prédications perpétuelles, les confessions et les entretiens particuliers adaptés aux besoins de chacun absorbaient tous ses autres moments, et lui laissaient à peine le loisir d'aller sur le soir, vers le coucher du soleil, quêter de porte en porte la nourriture destinée à le soutenir.

Dans cette même année 1539, un Bref du Souverain Pontife l'envoyait à Sienne, en compagnie du

Père Simon Rodriguez, pour y opérer, par la suavité et la prudence de ses conseils, la réforme d'un monastère de Religieuses que les invitations de l'Archevêque, de l'Abbesse et de beaucoup de personnes aussi graves que zélées, n'avaient pu rappeler à l'ancienne régularité.

Le serviteur de Dieu embrassa la cité entière dans les efforts de son dévouement, prêchant, confessant, enseignant aux enfants et aux pauvres, avec sa douceur habituelle, les saints mystères de la foi, expliquant l'Écriture sainte aux étudiants plus avancés, et surtout enflammant ses auditeurs de l'amour de toutes les vertus, par l'exemple d'une merveilleuse innocence de mœurs unie à la plus aimable simplicité.

Les malades le virent toujours empressé à soulager leurs misères spirituelles et corporelles. Il allait solliciter lui-même les aumônes qui devaient adoucir leur infortune; de ses mains il préparait leur lit, il balayait les salles de l'hôpital, et, après leur avoir appris à souffrir avec résignation, il leur faisait goûter le bonheur de mourir dans la paix du Seigneur. Mais rien n'égala les fruits qu'il obtint par le moyen des exercices spirituels, auxquels les habitants accoururent avec tout l'empressement qu'inspire la curiosité.

La conversion d'un prêtre, qui n'avait pas rougi de renoncer aux devoirs de son ministère, pour s'adonner à la composition de pièces de théâtre, dans lesquelles il descendait même au rôle d'acteur, fut surtout remarquable entre toutes les autres. Pressé par les instances des Pères, il entreprit courageusement ces exercices ; et, à la lumière qu'ils répandirent dans son esprit, comprenant toute l'horreur de sa conduite passée, il voulut donner à la réparation du scandale tout l'éclat possible. A la suite d'un sermon qui avait attiré une affluence considérable, le nouveau pénitent parut dans la chaire évangélique, la corde au cou, le visage défait, les yeux attachés sur la terre, et dans une attitude si humiliée que sa seule vue arracha des larmes à toute cette assistance dont récemment encore il provoquait la folle gaité ; et l'impression que produisit cette solennelle rétractation gagna plus d'âmes à Dieu que n'eussent pu le faire un grand nombre d'exhortations. Il entra plus tard dans l'ordre de Saint-François, où sa constance ne se démentit pas.

Cependant le P. Rodriguez avait été dirigé sur le Portugal, et Pascase Broët était demeuré chargé seul des travaux qu'ils avaient entrepris ensemble, et sur lesquels le ciel continuait à répandre ses bénédictions. L'archevêque de Sienne rendit en ces termes un magnifique hommage aux vertus du serviteur de Dieu, dans sa lettre du 15 août 1540 à saint Ignace : « La » sainteté de votre, ou plutôt de notre Pascase et la » suavité de son commerce sont si grandes, qu'elles » le rendent cher à tout le monde et plus spéciale- » ment à moi. Le zèle qu'il déploie est si ardent,

» qu'il attire à lui toute la ville; car il exhorte par
» ses paroles, entraîne par son exemple, charme tous
» les cœurs par son humilité et par sa charité, et
» nous enflamme du désir de vivre en saints. » Puis
le Prélat concluait en suppliant saint Ignace d'adjoindre
plusieurs collaborateurs au P. Pascase, et lui donnait
l'assurance qu'il procurerait ainsi la gloire de Dieu,
cette unique passion de son noble cœur. Mais la pénurie
de sujets ne permit pas à saint Ignace de satisfaire
aux vœux de l'archevêque, ni même de lui laisser le
Père Broët que les intérêts de la Religion appelaient
à un poste plus difficile et plus important.

La Compagnie de Jésus venait d'obtenir la sanction
de l'Église. Dans sa Bulle du 27 septembre 1540, le
Souverain Pontife Paul III avait approuvé le nouvel
Institut et confirmé son nom. Il ne s'agissait plus
dès lors que de lui donner un supérieur définitif. Les
Religieux présents à Rome, comme ceux que leurs
occupations en tenaient éloignés, furent appelés à
cette importante affaire; et, à la plus intime satisfaction de leur piété filiale, tous, d'un consentement
unanime, proclamèrent le nom de leur bienheureux
Père. L'élection terminée, ils visitèrent ensemble les
sept Basiliques de Rome, et, nouveaux apôtres,
appelés à évangéliser les nations par l'effusion de la
parole et du sang, ils placèrent une seconde fois leurs
engagements sous la protection d'un apôtre et d'un
martyr. La profession solennelle de leurs vœux eut

lieu dans la Basilique de Saint-Paul, et devant l'autel de la très-sainte Vierge sur lequel saint Ignace offrit, en cette circonstance, le divin sacrifice.

Mais tandis que la sainte Église dilatait son sein pour y recevoir ces puissants auxiliaires, d'innombrables enfants étaient, chaque jour, ravis à sa tendresse, et la défection du roi d'Angleterre entraînait, entr'autres, la destruction presque totale de la Religion catholique dans ses États. Henri VIII avait oublié trop vite les obligations que lui imposait son titre de *Défenseur de la Foi*, pour s'abandonner à l'impétuosité de ses passions. Après avoir remplacé la vertueuse Catherine d'Aragon par Anne de Boleyn, il avait déclaré une guerre acharnée à cette Église Romaine qu'il n'avait pu rendre complice de ses désordres, et les châtiments les plus cruels étaient infligés à ceux de ses sujets qui refusaient de le reconnaître pour l'arbitre absolu de leurs croyances. Des mesures de séduction furent employées pour entraîner aussi l'Irlande dans le schisme. Pasteur vigilant, le Pape Paul III suivait la marche de la persécution avec une anxiété d'autant plus vive qu'il ne découvrait aucune issue pour faire parvenir jusqu'à ces infortunés les conseils dont ils avaient besoin. Résolu cependant de tenter un suprême effort, il s'adressa au dévouement de la naissante Compagnie de Jésus. Un Bref du 9 juillet 1540 désigna les Pères Pascase Broët et Alphonse Salmeron comme

Nonces Apostoliques pour ces malheureuses contrées, et, par les avis de saint Ignace, la direction principale fut confiée au P. Broët qui, sans parler de son mérite personnel, semblait par ses qualités aimables et conciliantes, propre à s'insinuer plus facilement dans les cœurs de ceux qu'il fallait ramener sous l'obéissance de l'Église. Nous devons mentionner ici la ligne de conduite que la sagesse du vénérable fondateur traça aux envoyés du Saint-Siége pour la plus grande gloire de Dieu et pour l'avantage des royaumes vers lesquels ils étaient dirigés.

Il leur recommandait d'abord de se montrer sobres et mesurés dans leurs discours, à l'égard de tous, mais plus particulièrement de leurs inférieurs et de leurs égaux, tandis qu'ils devraient être, au contraire, disposés à écouter toujours volontiers ceux qui auraient à leur parler, répondant à leurs difficultés par des raisonnements clairs et concis qui ne donnassent pas lieu à de nouvelles répliques. Il était nécessaire qu'ils se fissent tout à tous, selon le précepte de l'Apôtre, pour les gagner tous à Jésus-Christ, parce que rien ne nous concilie plus la bienveillance des personnes avec lesquelles nous avons à traiter que la conformité de vues et de caractères. Ainsi donc, leur disait saint Ignace, étudiant les inclinations de chacun, ils s'efforceraient de s'y conformer en tout ce qui était permis, n'opposant pas des allures systématiques à des tempéraments ardents et pas-

sionnés, répondant par leur gravité et leur circons-
pection à ceux dans lesquels ils reconnaîtraient ces
qualités, mais se tenant à l'abri de tout sentiment de
colère ou d'indignation à l'égard des naturels empor-
tés, afin d'éviter toute espèce de conflit; et, s'ils se
sentaient inclinés vers cette dernière passion, ils
devraient veiller avec une attention spéciale à ne pas
même laisser pénétrer dans leurs cœurs le plus léger
mouvement de dégoût et de mécontentement, et
souffrir d'un air serein, d'une humeur égale, les
torts qui leur seraient faits, de quelque nature qu'ils
se présentassent. Puis, leur rappelant les moyens
dont le démon se sert pour perdre les âmes, le zélé
serviteur de Dieu les exhortait, en empruntant la
doctrine de saint Basile, à faire quelque chose de
semblable pour les attirer à la pratique du bien. Et,
comme lorsque l'esprit du mal veut entraîner un juste
dans l'abîme du péché, au lieu d'agir dès le principe
à visage découvert, il entre d'abord dans ses vues,
et ne craint pas même d'encourager ses vertus, afin
que, n'excitant bientôt plus aucune défiance, il
puisse l'amener plus sûrement à sa perte; ainsi fallait-
il user d'une prudence toute semblable pour la
conquête des âmes : donner, par exemple, des éloges
aux bonnes qualités qu'on remarque dans quelqu'un,
sans attaquer immédiatement ses vices, était le
moyen le plus sûr de gagner son affection ; ensuite,
il devenait facile d'appliquer au mal le remède

opportun : ce qui n'était autre chose qu'*entrer par la porte des autres pour les faire sortir par la nôtre*. Avec les hommes d'une humeur triste, inquiète ou mélancolique, il convenait de montrer une gaîté douce et de revêtir ses paroles d'une joyeuse affabilité, afin que, remédiant à un contraire par un autre contraire, on parvînt à leur rendre cette paix inaltérable dans laquelle consiste la véritable santé de l'âme. Dans les conversations intimes, aussi bien que dans les discours publics, et surtout dans les réconciliations qu'ils ménageraient, saint Ignace exigeait des deux Pères qu'ils se conduisissent avec la même réserve que si chacune de leurs paroles devait être produite au grand jour, et son principe était que, dans les affaires dont on désirait la solution, il ne fallait pas remettre au lendemain ce qui pouvait se faire sur-le-champ. Enfin, il leur prescrivit, par-dessus tout, le plus grand désintéressement et un détachement complet des choses d'ici-bas, leur enjoignant de ne pas même consentir à faire passer par leurs mains, pour les employer en bonnes œuvres, les taxes ou amendes que les devoirs de leur charge les forceraient à imposer, mais de charger uniquement de ce soin des hommes dont la probité leur offrirait toute garantie, afin que, le cas échéant, ils pussent déclarer avec serment, qu'ils n'avaient pas gardé une obole. Avant de se présenter devant les princes et les magistrats, les deux envoyés concerteraient ensemble ce qu'ils avaient à dire et à faire, afin de marcher toujours unis dans le Seigneur ; et, chaque mois, leurs lettres mettraient sous les yeux du Souverain Pontife le tableau fidèle de leurs travaux.

Tels étaient quelques-uns des conseils que la prudence consommée du vénérable patriarche lui suggérait pour les nouveaux représentants du Saint-Siége, au moment de se séparer d'eux ; et, munis de cet admirable viatique, détachés de tout autre intérêt que des intérêts éternels, Broët et Salmeron partaient de Rome *sans sac*, *sans besace*, et conduits seulement par l'obéissance, comme il convenait à des hommes évangéliques. Les bouleversements dont la France était alors aussi le théâtre, multiplièrent les périls du voyage, mais la divine Providence les conduisit sains et saufs sur la terre d'Irlande.

La terreur allait toujours croissant dans cette île dont les destinées politiques et religieuses se trouvaient également compromises. Le peuple, livré à l'ignorance et à l'abandon, n'avait plus ni prêtres ni pasteurs pour le diriger ; et les classes élevées, non contentes d'avoir adhéré à l'apostasie du roi d'Angleterre, s'étaient engagées par serment à brûler toutes les Bulles ou lettres apostoliques émanées de Rome, et à livrer au bras séculier quiconque reconnaîtrait l'autorité du Pape.

Personne n'osait donc traiter, même en secret, avec les Nonces apostoliques, ni favoriser leur entrée dans le royaume ; mais ils avaient placé leur espérance plus haut que dans le secours des hommes. Au prix de mille efforts et de fatigues inouïes, ils retrempèrent le courage des Catholiques, en leur rappelant les vérités auxquelles ils devaient rester inviolablement attachés, en les faisant participer de nouveau à la grâce des Sacrements, et en réconciliant avec l'Église ceux qui avaient encouru ses anathèmes. Leur exemple, plus encore que leurs paroles, ranimait les pusillanimes, et tous demeuraient aussi consolés qu'édifiés de leur zèle vraiment infatigable et de la sainteté de leur vie. On s'étonnait du désintéressement avec lequel ils faisaient distribuer par des mains étrangères, aux pauvres, aux églises, aux hôpitaux, les sommes dont ils auraient pu disposer, refusant même d'accepter ce qui leur était offert spontanément.

Ainsi les deux Jésuites se multipliaient pour atteindre les débris du troupeau que la persécution avait dispersé ; mais leur présence ne pouvait être longtemps un secret. Séduits par l'appât de la récompense, des Anglais recherchèrent activement leur demeure, dans l'intention de leur enlever la vie. D'autres avait résolu de les vendre, moyennant une somme considérable, à des marchands, qui les livreraient à la fureur de Henri VIII. Il plut néanmoins au Seigneur de déjouer ces coupables projets ; mais les Pères, comprenant tous les maux que leur séjour prolongé attirerait sur cette île, se décidèrent à partir pour l'Écosse, puis pour le continent, et à retourner en Italie, selon les instructions qu'ils avaient reçues, dans la prévision des obstacles qu'ils pourraient rencontrer. Toutefois, le souvenir des héroïques vertus, que l'Irlande leur avait vu pratiquer, resta pour cette Église désolée comme un parfum céleste, et leur éloignement fut le sujet d'un deuil général.

En Écosse, ils déployèrent la même ardeur pour éclairer la conscience du Roi, et pour défendre la vérité contre les attaques de ses ennemis; mais tout moyen d'action leur avait été fermé d'avance par l'influence des grands du royaume, et les ravages de l'hérésie atteignaient des proportions qui ne laissaient plus aucune lueur d'espérance.

Ils firent donc voile vers la France; et déjà ils étaient à Paris, lorsqu'ils reçurent les lettres par lesquelles le Souverain Pontife leur communiquait aussi l'autorité de Légats pour l'Écosse. Mais, ayant exposé à Paul III les dispositions hostiles de cette contrée, ils furent rappelés à Rome. Ils poursuivirent donc aussitôt leur route et dans un dénûment si absolu, qu'arrivés à Lyon, où, par suite de la guerre, régnait une perturbation effrayante, la pauvreté de leurs vêtements et le misérable état de toute leur personne les firent prendre en suspicion. Jetés dans un cachot, chargés de chaînes, les deux prisonniers ne durent leur élargissement qu'aux démarches de deux Cardinaux qui, se trouvant alors dans cette ville, les reconnurent, et se chargèrent de pourvoir généreusement à tout ce qui leur était nécessaire pour achever leur voyage.

Pascase avait à peine rendu compte de la mission qu'il venait de remplir, à la satisfaction du Pape, que déjà, sans laisser à ses fatigues un moment de trève, il courait répondre à l'appel de l'évêque de Foligno.

Par ses aimables et douces manières, que nous rappelons sans cesse parce qu'elles avaient une merveilleuse efficacité, il rétablit l'observance primitive dans plusieurs communautés de femmes, il fonda de secrètes réunions où les prêtres pussent aller, sans confusion, apprendre au moins la grammaire ; car, par le seul fait de leur ignorance, ils devenaient irréguliers et incapables d'exercer le saint ministère. Il fit aussi sanctifier, par la bénédiction de l'Église, un grand nombre d'unions dont le scandale se perpétuait depuis de longues années.

La réforme de cette ville une fois assurée, par la fréquentation des sacrements, et par l'étude des lettres, le P. Broët fut heureux de se dévouer, pendant un mois, à l'instruction des pauvres et des enfants de Montepulciano ; puis il passa de là à Reggio, pour y ramener à la régularité un monastère très-déchu de son ancienne ferveur. Les religieuses l'accueillirent néanmoins comme un ange descendu du ciel, attirées qu'elles étaient par la réputation de ses vertus, et surtout par cette sage simplicité à laquelle il semblait qu'on ne pouvait résister. Cependant leur obstination à refuser de se soumettre aux lois communes de leur ordre, de se confesser aux prêtres qui en faisaient partie, et d'admettre dans leur clôture des religieuses de quelque autre monastère que ce fût, était si prononcée, que, pour en triompher, le cœur si bon et si miséricordieux de Pascase fut contraint de recourir à la rigueur, en les privant de la communion le saint jour de l'Ascension. Mais, revenant tout aussitôt à sa mansuétude habituelle, il les exhorta à se préparer à la venue de l'Esprit saint par quelques jours d'un recueillement plus profond, pendant lequel elles obtiendraient, avec la plénitude des dons du Saint-Esprit, la connaissance de ce qu'il attendait d'elles. Et, comme il l'avait pressenti, ces âmes si longtemps rebelles trouvèrent, dans l'oraison, la lumière et la force dont elles avaient besoin, pour dissiper les ténèbres de leur intelligence, et pour soumettre pleinement leur volonté à celle de Dieu.

Les travaux de l'homme apostolique furent, peu de temps après, interrompus par une maladie qui le conduisit aux portes de la mort. Assailli, dans toutes les parties de son corps, par des douleurs aiguës, il arrachait des larmes d'attendrissement aux personnes qui l'approchaient, par les actes d'amour de Dieu et de soumission à son bon plaisir, renouvelés sans cesse, sans que la violence de la souffrance provoquât une seule plainte de sa part. Mais le Seigneur, dans sa miséricorde, voulait rendre la santé du corps à celui qui ne s'en servait que pour rendre la santé de l'âme à tous les pauvres pécheurs.

Toutefois, sans attendre l'achèvement de sa convalescence, notre bon Père se dirigea vers Faënza, où des vices de tout genre et l'abandon presque total du culte divin ouvraient un vaste champ à son zèle. Le débordement des mœurs y était arrivé au point de faire presque disparaître l'idée du péché, et l'on pouvait, tête levée, exposer sa corruption au grand jour. Des haines invétérées pendant des siècles se transmettaient, comme un héritage, des pères aux enfants, et multipliaient de sanglantes luttes dans la contrée. Les imprécations et les blasphêmes étaient dans toutes les bouches, sans en excepter les enfants, qui n'apprenaient à parler que pour s'associer aux excès de leurs parents. Tant de crimes avaient frayé naturellement la route aux doctrines perverses de Luther ; et les tavernes, les magasins, les palais, se renvoyaient à l'envi les enseignements de l'hérésie, dont un moine apostat, Bernardin Ochin, était devenu, par ses talents, un des plus puissants propagateurs. Le P. Pascase connaissait en outre l'humeur altière des habitants ; il en appela donc à toutes les ressources de sa prudence pour ne rien précipiter.

Après s'être concilié le bon vouloir de l'autorité

ecclésiastique, et plus encore l'assistance divine, il commença peu à peu à s'attirer aussi la bienveillance du peuple par l'exercice des œuvres de charité. Les pauvres et les infirmes étaient nombreux ; il établit, pour les secourir, une congrégation, à laquelle il traça des lois, en harmonie avec la fin qu'il se proposait, c'est-à-dire, de guérir les corps et mieux encore les âmes de ces malheureux et de travailler, en même temps, à sanctifier ses congréganistes. Ceux-ci l'accompagnaient partout, à la recherche des indigents et des malades, auxquels le serviteur de Dieu administrait les sacrements, et distribuait, en même temps, des remèdes et des aliments avec une généreuse abondance. Tous le vénéraient comme un saint, et l'aimaient déjà comme leur père ; mais le pieux missionnaire visait à un but plus élevé. Il se mit à enseigner publiquement la doctrine chrétienne, sans ostentation et sans pompe ; mais, séduits par la nouveauté de ce spectacle, des auditeurs de tout âge et de toute condition accouraient bientôt autour de lui. De l'église il allait dans les écoles où se réunissaient environ quatre cents enfants, pour leur répéter les mêmes leçons.

Par ces industries tout imprégnées de la suavité de son âme, le miséricordieux Père déracina si bien, en peu de temps, cette coupable habitude du blasphème et du jurement, que, si quelques-uns y retombaient encore, par inadvertance, ils couraient lui en demander la pénitence. Il rétablit pareillement, avec fruit, l'usage de la prédication et de la confession tombées en désuétude ; et cette ville dégénérée revint, par le dévouement éclairé du missionnaire, à toutes les pratiques de l'Évangile. Les haines cessèrent, et, pour donner plus d'éclat à ces réconciliations, une procession, composée de plus de cent personnages de la première noblesse, se rendit solennellement à l'église, où tous déclarèrent, en présence de Dieu et du peuple, qu'ils se pardonnaient mutuellement les dommages qu'ils s'étaient causés pendant le cours de ces terribles inimitiés.

Cette merveilleuse transformation une fois opérée, il ne fut pas difficile à l'homme de Dieu de chasser les ténèbres que l'hérésie avait répandues dans les esprits, et de rendre à l'Église les enfants qu'elle avait perdus. Il s'appliqua aussi à rappeler chaque jour aux prêtres les devoirs de leur ministère, dans des instructions familières, dont le besoin se faisait sentir et dont ils retirèrent de grands avantages. Deux années s'écoulèrent au milieu de ces pénibles travaux, et, dans la visite générale du diocèse que le P. Pascase entreprit sur ces entrefaites, avec le vicaire de l'Évêque, il s'efforça, par de sages réglements, d'en assurer partout la durée.

Le Portugal était alors gouverné par un prince religieux, dont l'ambition tendait moins à reculer les bornes de ses conquêtes qu'à étendre de plus en plus le règne de Jésus-Christ. Dans les fréquentes relations que Jean III entretenait, par ses possessions des Indes, avec le roi d'Éthiopie, il avait été frappé souvent des témoignages de soumission filiale que ce prince réitérait à l'égard du Saint-Siége, et il en avait tiré d'heureux augures pour le retour de ces vastes régions à l'unité de l'Église catholique. Impatient de contribuer à cette importante régénération, il recourut à saint Ignace, dont la prudence et la sainteté lui inspiraient une haute estime ; et, lui mettant sous les yeux, avec la plus grande gloire de Dieu, ce mobile tout puissant de ses entreprises, le salut de cette multitude d'hommes qui périssent au sein de l'erreur, il le conjura de répondre aux désirs du Souverain Pontife, en choisissant parmi ses premiers compagnons, celui qu'il jugerait le plus propre à ramener ces brebis égarées sous la houlette du véritable pasteur.

Les flammes de la charité consumaient le cœur d'Ignace. Il supplia donc le Pape de le joindre aux missionnaires qui accompagneraient en Éthiopie le nouvel envoyé du Saint-Siége ; mais le souverain Pontife savait trop bien tout ce que la ville de Rome perdrait par son absence, pour y consentir. Il loua la générosité de son sacrifice, sans lui permettre de l'accomplir autrement que dans la personne d'un des membres de sa Compagnie, qu'il lui ordonna de désigner pour être décoré du titre de patriarche d'Éthiopie. Cette dignité entraînait avec elle moins d'honneurs que de privations et de pénibles labeurs ; elle promettait surtout une riche moisson en faveur des âmes : le saint l'accepta donc de toute l'effusion de sa grande âme, et, réunissant promptement ses religieux pour les consulter, ceux-ci, d'un commun accord, déclarèrent Pascase Broët très-propre à cette difficile mission par l'intégrité de sa vie, l'excellence de sa doctrine, sa longue expérience des affaires, et la dignité répandue dans toute sa personne.

Les archives de la Compagnie de Jésus conservent encore aujourd'hui le jugement que porta, dans cette occasion, l'insigne prudence du vénérable fondateur. « La sainteté, la science et la dignité étaient à ses » yeux, disait-il, trois conditions essentielles pour » l'accomplissement de cette charge ; et il ne les » trouvait réunies en aucun autre au même degré » que dans le P. Pascase Broët. Il se réjouissait de » voir que tous ses Frères l'avaient jugé digne d'oc- » cuper la première place dans l'Église d'Éthiopie, » parce qu'il était, plus que tout autre, un homme de » bien, et considéré comme un ange au sein de la » Compagnie ; parce qu'il était habile dans les » sciences, exercé à la visite des diocèses et à la ré- » forme des monastères; parce qu'il avait déjà rempli » les fonctions de Nonce en Irlande, et que jamais il » n'avait rien entrepris, pour la gloire de Dieu, sans » que le succès n'eût couronné ses efforts. »

Ces éloges, dans la bouche d'un homme qui d'ordinaire en était si sobre, sont assurément, pour notre cher Père Pascase, la plus brillante auréole. L'approbation du Pape avait confirmé ce choix ; mais des événements inattendus retardèrent l'œuvre projetée, et le P. Broët fut envoyé à Bologne, dans l'intervalle, par la volonté de son supérieur. Cependant, quelque robuste que fût sa constitution, elle dut céder enfin sous le poids des travaux ; et, réduit à un épuisement extrême, le malade reçut des médecins l'ordre d'aller aux bains de Montepulciano, où, tout en cherchant à recouvrer ses forces, il s'attacha à seconder l'action de la grâce vis-à-vis de ceux qui étaient venus demander aussi la santé aux mêmes eaux. Les exercices spirituels furent là encore son arme la plus puissante : sous sa direction, la mère du vénérable cardinal Bellarmin fit de rapides progrès dans l'union avec Dieu ; et, dès qu'elle connut le mérite de Pascase, elle se sentit vivement affectionnée à la Compagnie de Jésus, au service de laquelle elle consacra dans la suite avec bonheur son fils.

Le rétablissement de l'infatigable missionnaire le ravit bientôt à ceux qu'il venait encore de gagner par le charme de cette douce simplicité, avec laquelle il semblait conduire, comme par la main, à la connaissance et à l'amour de Jésus-Christ. Il revint à Bologne pour s'y employer, jour et nuit, à tous les devoirs de sa vocation. Assidu au tribunal de la pénitence, du matin jusqu'au soir, il cherchait à inculquer à

tous ceux qui s'y présentaient la méthode de l'oraison mentale. De nobles dames puisèrent, dans cette
pratique, le mépris des parures mondaines. Elles
sortaient de la prière, tout embrasées du feu de l'a-
mour divin, pour aller se dévouer au soulagement
des pauvres et des affligés. Un nombre considérable
de vierges chrétiennes, avides d'entendre la parole
du saint homme, se pressaient autour de la chaire et
du confessionnal du P. Broët ; et elles avaient mar-
ché à si grands pas, sous sa conduite, dans la voie de
la perfection, que les unes étaient résolues de se
donner tout à Dieu, dans quelque monastère d'une
étroite observance, tandis que les autres s'étaient
déjà liées par le vœu d'une perpétuelle virginité.

Poussés par l'exemple des femmes, les hommes
aussi revenaient à Dieu dans la sincérité de leurs
cœurs. Beaucoup d'entre eux quittaient le monde pour
embrasser les conseils évangéliques, soit dans les
rangs de la Compagnie de Jésus, soit dans quelque
autre pieux Institut ; et il n'était personne que le
bon pasteur ne s'efforçât de ramener dans le chemin
du ciel. La grâce et la vigueur de sa parole ravissaient
tous ceux auxquels elle s'adressait ; et, dans les trans-
ports de leur admiration, ils se répétaient les uns aux
autres : Quiconque entend ce Père est obligé d'aimer
Jésus-Christ, dont il se montre lui-même si tendre-
ment épris.

Mais les effets de son zèle resplendissaient avec

plus d'éclat encore à l'égard des membres du clergé, dont la conduite dissolue excitait la réprobation universelle, sans provoquer les remords. Par des instances renouvelées, le P. Pascase leur persuada d'entreprendre les exercices spirituels de saint Ignace, et leur facilita, par de salutaires conseils, la pratique de l'oraison; il les décida presque tous à y consacrer chaque jour quelques moments. Ses prières unies à ses efforts amenèrent alors un renouvellement complet, et les vils plaisirs des sens firent place aux douces et chastes jouissances de l'esprit de Dieu.

L'adoption des erreurs de Luther avait été, pour beaucoup de prêtres, la conséquence inévitable du relâchement des mœurs : l'Apôtre de Jésus-Christ les rappelait à l'antique foi et à l'obéissance envers l'Église, et, dans de savantes conférences, il les mit à même de devenir, à leur tour, des instruments de salut pour le prochain. Puis, agrandissant toujours le cercle de ses travaux, il parcourut les villages environnants, signalant surtout sa présence par les réconciliations éclatantes qu'il opérait, et laissant partout des traces de son zèle apostolique.

Vainement le cardinal de Carpi essaya-t-il de l'arracher à ce diocèse, les Bolonais agirent si vivement, que leur Père vénéré leur fut presque aussitôt rendu, et jaloux, non seulement de conserver, mais de faire croître de plus en plus la semence que ses sueurs avaient fécondée, ils voulurent fonder parmi eux un établissement de la Compagnie. L'église de Sainte-Lucie, naguères témoin des ardeurs séraphiques de saint François-Xavier, fut choisie dans ce but, et, dans l'espace d'une année, les maisons qui y avaient été ajoutées furent prêtes à recevoir leurs nouveaux hôtes.

Ce fut alors comme une sainte émulation entre le serviteur de Dieu et ses compagnons. La nuit même n'interrompait pas l'exercice de leur ministère ; et, au bruit des conversions miraculeuses qu'ils allaient multipliant autour d'eux, les fidèles s'écriaient, dans leur enthousiasme : « Que font donc » ces nouveaux prêtres, pour que tous ceux qui » s'approchent d'eux soient aussitôt changés en » d'autres hommes ? »

Quelques-uns de ses religieux ayant demandé au Père l'autorisation de prêcher pendant le Carnaval sur les estrades des théâtres et d'autres semblables lieux de fêtes, où l'honneur de Dieu recevait de si graves atteintes, elle leur fut accordée ; et, poussés par l'inspiration de l'Esprit-Saint, ils annoncèrent les maximes de l'Évangile avec tant de véhémence que, touchés de repentir, les auditeurs les plus sages renoncèrent à ces réjouissances par trop profanes, et se retiraient en priant les prédicateurs de fléchir, par leurs prières, la colère de Dieu si justement irritée.

Mais qui pourrait surtout énumérer les prodiges

opérés par les exercices spirituels que donna le
P. Pascase, après l'ouverture du collége de Sainte-
Lucie? A la seule méditation de la fin pour laquelle
Dieu nous a créés, on vit un avocat distingué s'en-
flammer d'un désir si ardent de s'occuper uniquement
désormais de la grande affaire de son âme, qu'ayant
distribué tous ses biens aux pauvres, il alla s'ense-
velir aussitôt dans le saint ordre des Chartreux.

Un homme d'une position élevée, mais de très-
mauvaise vie, et qui, depuis longtemps, s'était
affranchi de toute observance religieuse, n'eut pas
plutôt commencé cette retraite, sous la direction de
Pascase, que, pénétré du regret de ses fautes, il les
pleura sincèrement, et s'adonna depuis, avec beaucoup de ferveur, à la fréquentation des sacrements.
Puis, avançant chaque jour davantage dans les vertus,
il en vint à offrir spontanément au Seigneur d'endurer
pour son amour, et pour l'expiation de ses péchés,
tout ce qui pourrait lui arriver de funeste. Son sacrifice fut accepté. Dieu le visita par une maladie aussi
longue que douloureuse, pendant laquelle on ne lui
entendit prononcer que des paroles de résignation ou
d'action de grâces; et, fortifié par le secours d'en
haut, il rendit son âme à son Créateur, dans des
sentiments dignes d'un parfait chrétien.

Ainsi le P. Pascase poursuivait activement le cours
de ses conquêtes, quand l'obéissance vint l'enlever
de Bologne pour le transporter à Ferrare. Il s'efforça

de consoler l'affliction de ceux dont il se séparait, en leur assurant qu'il leur laissait des Frères qui les dirigeraient mieux que lui dans la voie du Seigneur, et en leur promettant que leur souvenir serait à jamais gravé dans son cœur, pour tous les bienfaits, disait-il, dont il leur était redevable.

A Ferrare, le P. Pascase se montra tel qu'il avait été partout ailleurs, et les succès de son apostolat inspirèrent bientôt aussi à cette importante cité le désir d'obtenir un collége. Dans la première lettre que le P. Broët adressait de ce lieu à saint Ignace, le 2 mai 1551, il s'exprime en ces termes : « J'ai vu » hier son Excellence le Duc ; il m'a dit qu'il avait » aimé la Compagnie dès qu'il avait pu la connaître, » et qu'il était disposé à la favoriser à Ferrare, et » partout. Il demande à votre Révérence d'envoyer » des sujets pour commencer un Collége, et il désire » voir parmi eux beaucoup de prêtres qui auront, » dit-il, fort à travailler ici. Il ajoute qu'ils doivent » être irréprochables, non-seulement dans leur vie, » mais encore dans leur doctrine, pour combattre » les hérétiques. »

Dans sa seconde lettre, écrite six mois après, le P. Pascase entre dans de longs détails sur le collége dont il est Recteur, et la manière d'être, dit-il, à l'égard des externes de ce collége est telle : « Quand » ils entrent dans les classes, ils saluent la Madone, » en récitant à genoux un *Ave Maria* devant son

» image, et ils font de même à leur sortie. Ils se
» rendent tous les jours en ordre à l'église, pour y
» entendre la messe, pendant laquelle ils se tiennent
» également à genoux, récitant le chapelet et l'office
» à voix basse. Ils se confessent une fois le mois, et
» demandent ensuite pardon à leurs maîtres, à genoux
» et les mains croisées sur la poitrine. Outre les le-
» çons latines, il y a tous les soirs une leçon de la
» doctrine chrétienne que l'on récite de mémoire, et
» dont on rend compte, chacun selon sa capacité. Le
» collége est divisé en quatre classes, quant aux
» élèves du moins, mais non pas quant aux salles
» qui ne sont qu'au nombre de deux. André Benin-
» segna fait la première classe séparée des autres, et
» dans laquelle il compte 23 écoliers. Il leur explique
» Térence, Virgile, les lettres familières de Cicéron,
» et Despautère avec ses expositions. Jean-Baptiste
» a la seconde, composée de 18 élèves au plus,
» auxquels il lit Térence, Virgile et les dialogues
» de Vivès. Jean-Baptiste et André font alternati-
» vement composer leurs écoliers trois fois par
» semaine, et ils les font disputer entre eux les autres
» jours. Dominique est chargé de la troisième classe
» qui renferme 30 étudiants au plus. Il leur enseigne
» Despautère, et tantôt Donat, tantôt les règles de
» la grammaire de Guarino. Pierre a la quatrième
» composée d'environ 30 enfants. Il leur apprend
» Donat et les examine sur ses leçons d'après leur

» instruction. La classe de Dominique, celle de Jean-
» Baptiste et une partie de celle de Pierre sont
» ensemble, c'est-à-dire, dans la même salle, parce
» que nous n'en avons pas d'autre. Le nombre des
» étudiants s'accroît chaque jour. Je ne sais si, en
» les voyant augmenter, on voudra nous accorder un
» autre emplacement, quoique nous nous plaignions
» avec douceur de ne pouvoir en admettre autant,
» si l'on ne nous met en état de le faire. Un gentil-
» homme nous a donné une modeste cloche dont on
» se sert pour le signal des leçons, de la messe et
» des autres exercices, comme au Collége-Romain. »

Cependant la bonne odeur des vertus de notre
saint Père ne demeurait pas renfermée dans l'intérieur
de son collége ; elle s'exhalait encore au dehors, et
Dieu se plaisait à répandre sur son humble serviteur
quelques-uns de ces dons qui semblent être le pri-
vilége de sa toute-puissance. Habitués à recourir à
leur charitable Père dans tous leurs besoins spirituels, les habitants de Ferrare lui présentèrent un
jour une pauvre femme possédée, sur laquelle tous les
exorcismes de l'Église avaient échoué. Pour toute
réponse, Pascase lui commanda d'aller faire une bonne
confession ; et, s'étant mis en prière pour elle, il
l'affranchit si bien de l'esprit infernal, qu'elle put en
effet se confesser, et recouvra une paix durable. Le
P. Pascase chassa également un autre démon qui
tourmentait une malheureuse femme avec tant de

violence, que six hommes robustes ne pouvaient la retenir.

Mais les hautes qualités du P. Broët l'appelaient à un poste plus éminent que celui qu'il occupait à Ferrare, et saint Ignace avait jeté les yeux sur lui, pour en faire le premier Provincial de toutes les maisons de son Ordre, qui s'étaient si rapidement élevées en Italie, à l'exception seulement des maisons de Naples et de la Sicile. L'humble et obéissant Religieux accepta sans hésiter le fardeau qui lui était imposé, et la sagesse de son gouvernement le désigna bientôt pour des négociations plus délicates, je veux dire pour l'établissement de la Compagnie de Jésus en France.

Toujours prêt à suivre l'impulsion de son supérieur, dans la volonté duquel il voyait uniquement la manifestation de la volonté même de Dieu, il lui importait peu qu'on disposât de lui d'une manière ou d'une autre. C'était, aux yeux de sa foi, une seule et même chose d'être employé à des œuvres de nulle importance, ou d'être chargé des fonctions les plus relevées, de voir se dérouler devant lui de vastes champs qui lui promissent une abondante récolte, ou de n'avoir à défricher qu'une terre ingrate. Nous trouvons une touchante preuve de cette soumission, dans une de ses lettres datée encore de Ferrare : « Votre Révé- » rence, mande-t-il à saint Ignace, sera prévenue que » Mgr de Sainte-Croix a donné à Maître Alphonse et à

» moi le pouvoir d'absoudre les Luthériens et autres
» hérétiques, qui voudront se soumettre à l'obéis-
» sance de la sainte Église. Or, par la grâce du Sei-
» gneur, huit ou dix de ces malheureux se sont con-
» vertis depuis trois ou quatre semaines; ils sont venus
» se confesser à moi, sans comparaître devant l'Or-
» dinaire ni devant l'Inquisiteur, et je les ai absous,
» après la rétractation de leurs erreurs : ce qui étant
» parvenu aux oreilles du Vice-Inquisiteur de Saint-
» Dominique, il s'en est plaint au Vicaire de l'Évêque
» de Bologne, en disant que je voulais créer un
» nouveau tribunal, et il a écrit à Msr de Burgos et
» à Msr de Bologne. J'ai répondu humblement et
» pour l'édification, que j'avais agi avec l'autorité
» apostolique qui m'avait été déléguée, et pour le
» salut des âmes de ces infortunés. Mais, voyant
» que ceci ne le satisfaisait pas, j'ai promis de ne
» plus absoudre à l'avenir de Luthériens, et ceci pour
» avoir la paix avec tous. Si le bruit de ces faits par-
» vient à votre Révérence, elle pourra répondre selon
» la vérité. Je lui envoie la copie du Bref de Msr de
» Sainte-Croix. »

Ce fut au mois de Juin 1552 que le P. Pascase
Broët arriva à Paris, et les violentes persécutions
dont il y fut assailli pendant les premières années,
ne lui laissèrent pas la liberté de donner à son zèle
envers le prochain toute l'extension qu'il eût souhaité.
Ses principaux efforts tendaient à obtenir du Parle-

ment un décret qui autorisât l'établissement de la Compagnie en France ; mais, malgré les ordres donnés par le Roi pour faire examiner le nouvel Institut et ses priviléges, les conseillers les plus influents s'y refusaient, sous prétexte qu'il était l'œuvre non de Dieu, mais du démon. Cependant pour mettre un terme aux représentations que leur faisait le Père Pascase, avec sa mansuétude inaltérable, ils remirent le jugement de la cause à l'Évêque de Paris et à la Sorbonne.

Le serviteur de Dieu présenta alors à ceux-ci les Bulles qui établissaient les priviléges de la Compagnie de Jésus, et les lettres-patentes du Roi ; mais, dès la première entrevue, il put constater les dispositions hostiles du Prélat, qui lui déclara que les Ordres religieux étaient déjà trop multipliés, sans venir en augmenter encore le nombre. Pascase ayant répondu que celui-ci avait été approuvé canoniquement dans l'Église par le Vicaire de Jésus-Christ, et dans le royaume par le Roi, le pontife ajouta que la décision du Pape ne pouvait s'étendre au-delà de son domaine temporel, qu'il n'appartenait pas au Roi de s'immiscer dans les questions spirituelles, et que, pour lui personnellement, il ne concourrait jamais à l'admission de la Compagnie en France.

De leur côté, les théologiens de la Sorbonne, en attendant une étude approfondie sur l'opportunité d'introduire ou non cette nouvelle Religion dans le royaume, décidèrent que, si les Jésuites étaient désireux de quitter le monde, il ne tenait qu'à eux d'entrer chez les Frères Mineurs ou chez les Chartreux au lieu de s'obstiner à professer un Institut qui, de leur avis, comme de celui de l'Évêque, portait atteinte à la hiérarchie ecclésiastique.

Armé d'une invincible patience, au milieu des injures qu'il recueillait si abondamment, le P. Pascase n'épargnait aucune des démarches que lui suggérait la prudence ; avec une simplicité toute évangélique, il ne cessait d'exposer la vérité à chacun, afin de dissiper les erreurs et les appréhensions, et d'arriver sans violence au résultat qu'il se proposait. Cependant, en présence de l'opposition qu'il rencontrait de la part de toutes les personnes desquelles la sentence devait émaner, le bon Père et ses compagnons placèrent leur unique confiance en Dieu, le suppliant, s'il était de sa gloire et de l'avantage spirituel des âmes que la Compagnie de Jésus fut admise, d'aplanir toutes les difficultés, et d'éclairer l'intelligence des juges, de manière que, dégagés de toute passion humaine, ils pussent prononcer avec rectitude sur la sainteté de l'Institut, comme sur la conduite de ceux qui le professaient.

Mais Dieu voulait éprouver la vertu de son serviteur dans le creuset de la tribulation ; l'heure de la puissance des ténèbres était venue, et l'enfer déployait les ressources de sa rage, pour étouffer, dans leur principe, les fruits de l'Apostolat du P. Broët et de ses successeurs. Il arma le royaume entier contre la petite Compagnie, et bientôt il ne trouva plus d'opposition que dans la droiture du vénérable Père et de quelques modestes gens ses disciples.

Le 1er décembre 1554, la Sorbonne fulmina la fatale sentence dans laquelle elle reprochait à la Compagnie d'usurper audacieusement le nom de Jésus, d'admettre, sans distinction, dans ses rangs, toute sorte de personnes bien qu'entachées d'illégitimité ou d'infamie ; de ne se distinguer du clergé séculier, ni par l'habit, ni par la tonsure, ni par les heures canoniales, non plus que par la clôture, le silence, le jeûne et les autres règles, au moyen desquels les Ordres religieux se distinguent les uns des autres et se conservent ; d'avoir été enrichie d'une multitude de priviléges et d'indults, particulièrement dans l'administration des Sacrements de Pénitence et d'Eucharistie, sans différence de lieux ou de personnes, et aussi pour leurs prédications et leur enseignement, le tout au préjudice des Ordinaires, de la hiérarchie ecclésiastique, des autres Religions, des Souverains temporels eux-mêmes, contre le droit des académies et des universités, et, enfin, au scandale des peuples. Cette Compagnie, ainsi constituée, semblait détruire la sagesse de la discipline monastique, et affaiblir la pieuse et nécessaire pratique de la pénitence, en donnant occasion d'abandonner les autres ordres religieux. De plus, elle anéantissait l'obéissance due aux Évêques, elle privait injustement les supérieurs temporels et spirituels de leurs droits, elle excitait partout les contestations, les dissensions, les rivalités et les schismes. De telle sorte que, ces considérations et autres bien pesées, une semblable Société paraissait dangereuse en matière de foi, perturbatrice de la paix ecclésiastique, destructrice de la régularité monastique, et, en somme, plus apte à ruiner qu'à édifier.

Ce décret, qui jeta le P. Pascase dans une extrême affliction, entraîna des conséquences qu'on ne saurait calculer. L'audace des méchants s'en accrut, les perplexités des faibles redoublèrent, et la confiance des amis fut ébranlée. La malheureuse Compagnie de Jésus devint le but de toutes les invectives. Du haut de la chaire, les prédicateurs et les professeurs lui lançaient l'anathème. Les grands et le peuple en faisaient le sujet de leurs dérisions ; et, comme si tant d'insultes n'avaient pas suffi pour glorifier sa patience, l'Évêque de Paris défendit à ses religieux, sous peine d'excommunication, de prêcher et d'administrer les Sacrements, et même de dire la messe, les dénonçant en même temps au Parlement, par des accusations mensongères, et excitant ses diocésains à leur refuser tout asile, afin de les priver à la fois des secours spirituels et temporels. Il ne manquait, pour mettre le comble à l'humiliation du serviteur de Dieu, et du petit troupeau sur lequel il veillait, que de se voir chassés ignominieusement du Royaume, et cette mesure eût été la conséquence des autres, si de perfides insinuations eussent pénétré jusqu'au cœur du Roi Henri II.

Quoique Pascase ne fût pas réellement atteint par les censures de l'Évêque, sa prudence et son humilité le portèrent cependant à s'y soumettre et à se retirer le dimanche et les jours de fête à Saint-Germain-des-Prés, qui ne relevait pas de la juridiction de l'Ordinaire. Là, il continuait à entendre les confessions, à donner en particulier les exercices spirituels, à assister les mourants, et à diriger un grand nombre de vierges dans leurs monastères. C'est le témoignage qu'il rend lui-même dans sa correspondance avec saint Ignace, le 11 octobre 1554.

Mais Dieu ne se laisse jamais vaincre en générosité. Il voulut récompenser la patience héroïque avec laquelle Pascase avait supporté les rigueurs de l'Évêque de Paris et le décret flétrissant de la Sorbonne, en inspirant à un homme renommé par sa sagesse et son intégrité, la pensée de répondre à ce décret. Abordant les accusations formulées par cette Faculté, qui l'avait autrefois honoré du titre de docteur, Martin Olave les détruisit victorieusement. Il montra que le nom de Compagnie de Jésus n'était pas plus extraordinaire que celui de la Trinité, du Saint-Esprit, ou même de Jésuates, noms adoptés par d'autres ordres religieux, sans que personne eût songé à le leur contester ; — que le Souverain Pontife, en confirmant cet Institut, avait ordonné expressément de n'y admettre aucun sujet sans lui avoir fait subir de nombreuses épreuves, et de n'élever ses membres au grade de la profession solennelle, qu'après l'expérience de leur science et de leur probité ; — que le pouvoir accordé aux supérieurs d'absoudre de délits graves et des censures, appartenait également à tous les ordres mendiants, ainsi qu'il ressortait de la bulle *Mare Magnum;* — qu'il était convenable que les religieux de la Compagnie, professant une vie laborieuse, active, toute dévouée au salut du prochain, et non la vie monastique ou solitaire, ne fussent distingués du clergé séculier, ni par le vêtement, ni par les pratiques extérieures ; — que pour ce qui concernait la clôture, chacun savait qu'ils ne sortaient de leurs maisons qu'avec la permission du supérieur et avec le compagnon qu'il leur assignait; — qu'en dehors du temps marqué pour la récréation, il était rigoureusement prescrit de ne pas rompre le silence sans nécessité, et que les transgresseurs de cette règle étaient punis publiquement; — que, si les priviléges, octroyés par les souverains Pontifes à la Compagnie de Jésus, l'eussent été au préjudice des Ordinaires, ces derniers n'emploieraient pas tant de prières ni tant de capitaux pour assurer l'érection des maisons et des colléges, comme ils ne cessent de le faire, sachant bien que les vrais enfants d'Ignace se font gloire d'être les auxiliaires des Évêques et des simples curés, dans la conversion des âmes, et qu'ils ne se servent de ces priviléges que pour mieux les seconder ; — que rien ne concilie davantage la bienveillance des peuples aux Jésuites, que la certitude qu'ils ne seront point une charge pour les populations, car, entièrement employés à l'instruction de la jeunesse dans les écoles, à la prédication dans les églises, aux œuvres de miséricorde dans les hôpitaux et les prisons, ils ne peuvent, ni directement, ni indirectement, demander une obole, mais, ayant reçu gratuitement les dons de Dieu, ils les répandent gratuitement aussi, en son nom ; — qu'un si saint Institut ne peut devenir une occasion d'apostasie dans les autres ordres, puisqu'une de ses constitutions en interdit l'entrée à quiconque aurait porté, même un seul jour, l'habit d'une autre Religion ; — que la Compagnie n'aurait pu s'étendre jusque dans les régions infidèles, si, comme on le disait, elle attentait aux droits de l'autorité temporelle ; — qu'en Espagne, en Portugal et en Sicile, elle se dévouait pour la réforme des mœurs, non-seulement du consentement des peuples, mais encore avec l'approbation des princes. Laissant de côté les autres calomnies, Olave ajoutait que, pour en faire justice, il suffisait de constater la source d'où elles émanaient, savoir : de la haine des hérétiques et de l'antipathie de ces catholiques dont la vie déshonore le nom. Leur malignité ne saurait faire suspecter la foi d'une milice qui s'efforçait de combattre, jusqu'à l'effusion du sang, contre l'idolâtrie de l'Asie, ou contre l'hérésie ou la dépravation de l'Europe ; d'une milice que Paul III avait déclarée utile et salutaire pour la République chrétienne, et dont les Souverains Pontifes avaient loué hautement la doctrine.

Le défenseur de la Compagnie de Jésus terminait en priant le Seigneur de purifier les cœurs de toute mauvaise passion, afin qu'ils pussent agir pour l'honneur et le bon plaisir de la souveraine Majesté. L'innocence de la Compagnie et de celui qui la représentait en France se trouve pleinement vengée par cette éloquente apologie. La Sorbonne lui rendit hommage à son tour, en avouant qu'elle n'aurait jamais prononcé son décret, si elle avait été suffisamment instruite de la sainteté de l'Institut. Et cette redoutable tempête, qui menaçait de submerger la petite barque des Enfants d'Ignace, se calma soudain à l'heure marquée par la Providence.

Ignace de Loyola était passé, des tristesses de l'exil, aux joies de la bienheureuse éternité le 31 juillet 1556, à l'âge de 65 ans, et, jusqu'à sa dernière heure, il avait donné à ses religieux l'exemple de cette abnégation, l'un des caractères les plus remarquables de sa vie. Instruit par une révélation divine, du moment de sa mort, il ne voulut, ni réunir ses fils pour les bénir avant de les quitter, ni même désigner, comme il en avait le droit, celui qui gouvernerait la Compagnie, en attendant l'élection de son successeur, pour mieux leur faire comprendre que c'était sur Dieu seul que devaient reposer toutes leurs espérances.

Le P. Laynez fut aussitôt investi de la charge de Vicaire général, par le suffrage des Pères alors présents à Rome. Il était digne de l'occuper, par les grandes qualités qu'il avait déployées dans les missions les plus difficiles, et dont le Concile de Trente n'avait pas craint de faire hautement l'éloge.

Les douze provinces de la Compagnie reçurent incontinent l'ordre d'envoyer leurs députés à la Congrégation générale qui ne put cependant s'assembler que dans l'année 1558, l'entrée de Rome étant encore fermée aux Pères espagnols, à cause de la guerre entre Paul IV et Philippe II.

Le P. Pascase était arrivé dans cette ville à la fin du carême de 1557. Athlète infatigable, il y renouvelait, dans le tribunal de la pénitence, ainsi que dans les exercices de la retraite, les prodiges dont il avait été partout l'instrument. Rien ne put le faire dévier de ce but, et, lorsque plusieurs de ses collègues, cédant à des alarmes exagérées, dans la crainte que le P. Laynez ne subît une influence étrangère, entreprirent de l'attirer à leur parti, le bon Père Pascase découvrant l'incendie que de telles insinuations pouvaient allumer, refusa de pencher d'un côté plutôt que d'un autre et se renferma dans une tranquille indifférence.

Le moment de l'élection était enfin venu, et les députés avaient rendu hommage à la sagesse de Pascase, en le choisissant pour Assistant dans la Congrégation générale. Après être restés, pendant une heure, anéantis dans une solennelle méditation, ils invoquèrent l'assistance du Saint-Esprit par le chant du *Veni Creator*, et le cardinal Pacecco les engagea, au nom du Pape, à procéder, en toute liberté, pour nommer celui qui leur paraîtrait le plus capable d'occuper un poste, dont l'importance n'embrassait pas seulement les intérêts de l'Ordre, mais encore ceux de l'Église universelle. Il ajouta que le vœu du Souverain Pontife était que le Général fût perpétuel, et qu'il désirait ardemment que les Jésuites le regardassent comme leur père, dans un sens plus étroit que tous les catholiques, parce qu'il professait un attachement plus tendre pour eux, à raison de la connaissance qu'il avait de leur mérite et des services qu'ils rendaient à la religion dans toutes les parties du monde.

Le résultat du scrutin ayant ensuite été proclamé par le cardinal, le P. Broët, en sa qualité de doyen des Profès, rédigea le décret d'élection en ces termes : « Ayant, en pleine et légitime Congrégation, » confronté le nombre des suffrages et reconnu que » le R. P. Jacques Laynez en a obtenu plus de la

» moitié, moi, Pascase Broët, par l'autorité du siège
» apostolique et de toute la Compagnie, j'élis le sus-
» dit révérend Père Jacques Laynez comme Préposé
» général de la Compagnie de Jésus, au nom du
» Père, du Fils et du Saint-Esprit. — Rome, le jour
» de la Visitation de la Bienheureuse Vierge, de l'an-
» née 1538, en présence de l'illustrissime et révé-
» rendissime cardinal Pacecco, délégué par N. S. P.
» le pape Paul IV. »

La ville entière de Rome s'associa à la joie des électeurs. Laynez seul opposait une profonde tristesse à l'allégresse générale ; mais il était réservé aux douces paroles du P. Pascase de pénétrer au fond de son âme, pour y ramener le calme, en lui rappelant que, la divine et adorable volonté du Seigneur ayant ainsi disposé des événements, il fallait s'y soumettre sans hésiter.

Pascase n'eut pas plutôt recouvré sa liberté, qu'il reprit le chemin de la France, pour y fonder à Billom, avec le concours de l'évêque de Clermont, le premier collége de la Compagnie en ce pays ; ceux de Paris et de Mauriac furent érigés peu après.

L'année 1561 apporta à notre vénérable Père l'ineffable consolation de revoir le P. Laynez, envoyé à titre de théologal, avec le cardinal d'Este, afin d'assister aux conférences projetées pour arrêter les ravages de l'hérésie ; et, dans les rapides épanchements de leur affection, les deux serviteurs de Dieu s'excitèrent à poursuivre, avec une nouvelle ardeur, l'accomplissement de leur vocation.

Pendant que, à la suite de la cour, Laynez allait prendre part aux négociations, Pascase rappelé à Billom ne se laissait arrêter par aucun des dangers dont les bandes armées des catholiques et des hérétiques semaient toutes les routes du royaume. C'est à l'époque d'un de ces voyages que se rattache le fait suivant, dans lequel la touchante simplicité du pieux missionnaire se révèle dans toute sa grâce.

Il était, comme toujours, à pied, et passait auprès d'un champ où travaillaient des moissonneurs, quand ceux-ci, étonnés de l'habit si pauvre du serviteur de Dieu et de son humble contenance, se mirent à l'accabler de railleries, auxquelles même se mêlaient les épithètes de fourbe et d'hypocrite. A ces injures que l'humilité du bon Père recueillait avec une satisfaction indicible, il s'arrêta, appuyé sur son bâton, pour les écouter avec une sainte avidité ; et, lorsqu'elles eurent cessé, regardant les moissonneurs d'un air gai et bienveillant, et faisant sur eux le signe de la croix : « Que Dieu vous fasse sentir sa » miséricorde, mes enfants, leur dit-il, et qu'il vous » bénisse. » Les cœurs de ces pauvres villageois ne purent résister à tant de mansuétude, et, tombant aux pieds du religieux, ils lui demandèrent pardon de leur faute, en proclamant sa sainteté.

Cette humble simplicité était la compagne insépa-

rable de l'homme de Dieu ; nul motif ne réussissait à l'en faire départir. S'étant vu contraint, par la charité de l'évêque de Clermont, d'accepter un cheval, dans un autre voyage, il ne fut pas plus tôt hors de la ville, qu'il le donna à un couvent de Franciscains. La chambre la plus misérable, la nourriture la plus commune étaient celles qu'il choisissait dans les lieux où il s'arrêtait ; et cette conduite procédait du sentiment de son indignité. Supérieur aux autres par la science, la vertu, la position, il cherchait à se mettre sous les pieds de tous. Dans les lettres par lesquelles, pour obéir à saint Ignace, il lui exposait, tous les quatre mois, les résultats de son ministère, il commence toujours, à peu près dans les mêmes termes, par cette humble accusation : « Quatre mois
» se sont écoulés depuis que je vous ai rendu compte
» de mes négligences et de ma tiédeur. Je ferai en-
» core aujourd'hui de même pour vous exciter da-
» vantage à prier la divine Majesté de m'accorder
» son secours, d'augmenter en moi son amour, et de
» faire que je sois, à l'avenir, plus diligent dans son
» service et celui du prochain. »

Le P. Laynez avait quitté la France en juin 1562, se reposant sur la vigilante sollicitude du P. Pascase, de l'avenir de la Compagnie dans ce royaume. Peu de jours après, le bras de Dieu s'appesantissait sur la ville de Paris, et, au fléau de l'hérésie, se joignait celui de la peste, qui, dans l'espace de deux mois, emportait plus de 80,000 personnes. Le zélé Provincial pourvut à la sûreté de ses frères, par toutes les mesures que lui suggérait sa prudence ; mais il refusa de s'éloigner des infortunés dont il pouvait adoucir les angoisses, et, soldat intrépide, il courut s'exposer au plus fort de la mêlée, pour assurer le salut éternel des victimes que la mort allait frapper. L'exemple de deux de ses religieux atteints par la contagion, pendant qu'ils traversaient la ville, ne fut pas plus capable de l'ébranler que les instances qui s'y joignirent, et, martyr de son héroïque charité, il lui fut donné d'aller lui-même présenter à Dieu les enfants qu'il lui avait acquis au prix du sacrifice de sa vie.

Déjà aux prises avec la mort, Pascase s'arma d'une vigueur nouvelle, par la vertu du Corps et du Sang du Seigneur, qu'il offrit, une dernière fois, le 10 septembre 1562 ; et le lendemain, fête de l'Exaltation de la Sainte-Croix, il passa, dans la douce et joyeuse simplicité de son âme, à la contemplation de son Sauveur crucifié, laissant, après lui, comme un suave parfum de cette merveilleuse candeur, unie à la plus tendre charité, dans les lignes suivantes, que son cœur compatissant lui avait dictées, en présence de la mort : « Moi, Pascase Broët, je déclare que,
» depuis que j'ai été attaqué de la peste, je ne suis
» pas allé dans les greniers, ni au vieux réfectoire ;
» je n'ai pas touché les livres de la bibliothèque ;
» dans ma chambre, j'ai touché quelques livres de

» dévotion écrits à la main, et trois ou quatre livres
» imprimés, tels que le bréviaire et le petit livre
» contre la peste ; j'ai touché encore quelques petites
» pièces de monnaie, dont une partie se trouve dans
» un sac de cuir auprès de la fenêtre de l'écurie, et
» l'autre a été donnée par moi à Jean le cuisinier.
» Je recommande mon âme au Seigneur notre Dieu,
» à toute la Cour du Ciel, à notre révérend Père Gé-
» néral, à toute la Compagnie et à vous tous qui êtes
» dispersés par la peste, priant chacun d'invoquer
» pour moi le Seigneur, afin qu'il me pardonne mes
» péchés. Je vous demande pardon aussi à vous tous
» que j'ai offensés. J'espère que, par les prières de
» la Compagnie, la miséricorde de Dieu me pardon-
» nera. »

11 septembre 1562.

Pascase BROËT.

NOTE

SUR LE LIEU DE LA NAISSANCE ET SUR LA FAMILLE DU P. BROËT.

Quelques écrivains ont affirmé que le P. Pascase Broët était né dans la ville de Cambrai, en Flandre. C'était à dessein, selon eux, qu'il feignait d'être Français et originaire de Picardie. La guerre s'étant déclarée entre Charles-Quint et François Ier, la qualité de sujet de l'empereur l'aurait exposé à être chassé de Paris, où il étudiait avec honneur et succès. Sa candeur et sa simplicité si connues le mettent à l'abri du soupçon d'un pareil artifice. De plus on conserve à Rome, dans les archives de la Compagnie de Jésus, un diplôme par lequel Monseigneur Jérôme Verallo, nonce apostolique dans tous les domaines vénitiens, accorde, le 5 juillet 1537, *au P. Pascase Broët, prêtre du diocèse d'Amiens en France*, la faculté de prêcher et d'entendre les confessions. S'il avait réellement reçu le jour dans la ville de Cambrai, quelle raison avait-il, en ce cas, de dissimuler sa patrie ? Peut-être aurait-il craint de rendre impossible son retour en France ? Au contraire, en se donnant pour Amiénois, sans l'être réellement, comme les deux monarques défendaient également aux étrangers l'accès des terres qui leur étaient soumises, il rencontrait d'autant plus de difficultés à vaincre pour ce voyage, que la puissance de l'empereur Charles-Quint s'étendait sur beaucoup plus de pays que celle de François Ier, roi de France.

Ce qu'il y a de certain, c'est que Pascase naquit dans un bourg ou village, appelé en latin *Bertramicuria*, en français *Bertrancourt*, du diocèse d'Amiens, distant de cette ville d'une demi-journée.[1] Ce

---

[1] *Bertrancourt*, village de l'ancienne Picardie, est situé à 1 kilomètre de Bus-lès-Artois, à 2 kilom. d'Acheux, à 3 kil. de Mailly (sur la route d'Amiens à Arras), et à 26 kilom. d'Amiens.

village a de tout temps appartenu à la couronne de France, comme il est manifeste par trois témoignages authentiques qui furent donnés, le premier par le sieur Charles Haulon, prêtre licencié en l'un et l'autre droit, le 8 février 1658 ; le second par le sieur Pièlre, conseiller du Roi, commissaire général, président et trésorier de France à Amiens, le 21 février de la même année ; et le troisième par le sieur Jean Le Mayre, curé de Baillon et Warloy et doyen de Mailly, le 4 avril de la même année. Je ferai remarquer ici que l'on trouve dans le même diocèse d'Amiens un autre village du nom de *Bertrancourt*, qui appartient aussi au royaume de France, et qui est éloigné d'Amiens de 12 lieues. Mais ce n'est pas le lieu de la naissance de notre Pascase, comme il est évident d'après les anciens documents conservés dans nos archives, que le P. Daniel Bartoli a suivis en écrivant la vie de notre Père saint Ignace. On y lit en effet que le village de *Bertrancourt*, qui n'est éloigné d'Amiens que de cinq lieues, a été la patrie de Pascase Broët. « Et je me réjouis, ajoute » le P. Alegambe, de voir les peuples voisins se disputer l'honneur » de compter parmi leurs compatriotes un homme aussi remar- » quable : *Pro viro præstantissimo certare studiis finitimos populos » habens voluptati.* »

Son père s'appelait Ferry (Frédéric) de Brovay (Brouet ou Broët). Il était cultivateur. On n'est pas parvenu à retrouver le nom de sa mère ; mais on sait qu'il eut deux frères, Mathieu et Gabriel de Brovay, et deux sœurs, Marie et Françoise. Mathieu, l'aîné des frères, s'enrôla dans les armées de son roi François 1er, qui était alors en guerre avec Charles-Quint, et il y mourut. Gabriel, le plus jeune, à l'exemple de son père, s'adonna à l'agriculture : il vécut plus de soixante-dix ans dans le susdit village de Bertrancourt, avec la réputation d'une grande piété. Françoise resta dans l'état de virginité, et Marie épousa Louis d'Antiville, aussi cultivateur de profession. De leur mariage naquirent Jacques, Nicolas et Louis d'Antiville. C'est ce dernier qui communiqua au P. Michel Rabardeaux, de notre Compagnie, toutes les particularités dont nous venons de parler, assurant qu'il les tenait de Marie, sa mère, sœur de notre

Pascase. Le sieur Thomas Ricard, curé du dit village de Bertrancourt, confirma ces dépositions, et le P. Rabardeaux les transmit
d'Amiens, sous la date du 26 octobre 1625, au Très-Révérend Père
Mutio Vitelleschi, telles que je les ai extraites de nos archives.

Pascase reçut une excellente éducation dans sa famille. Ses heu-
reuses dispositions engagèrent ses parents à l'envoyer de bonne heure
à l'école, où, sous la conduite d'un maître habile, il fit de tels
progrès dans la langue latine, et plus encore dans la crainte de Dieu,
que, parvenu à l'âge requis, il eut le bonheur d'être promu aux
ordres sacrés. Il reçut la prêtrise des mains de Monseigneur Nicolas,
évêque d'Hébron, alors abbé du monastère de Saint-Jean, de l'ordre
des Prémontrés, vicaire-général et suffragant de Monseigneur François d'Alluyn, évêque d'Amiens. Ce fut le samedi 12 mars de l'année
1523, qui, selon notre manière actuelle de compter, serait l'année
bissextile 1524. Il fut ordonné *à titre de patrimoine*, avec une rente
annuelle de 24 livres tournois, ainsi qu'on le trouve distinctement
enregistré dans le livre des Ordinations des évêques d'Amiens, qui
se conservait encore en l'année 1625 au secrétariat du sieur Jean
Picard, comme l'indique le P. Rabardeaux. Et bien que la somme
présentée par Pascase pour son titre clérical paraisse aujourd'hui
bien modique, cependant en parcourant le dit livre des Ordinations,
on trouve peu d'Ordinands qui aient proposé une plus grande somme.
D'où l'on conjecture que les parents de Pascase, bien que d'une
humble extraction, jouissaient d'une certaine aisance. D'ailleurs
une telle somme était, en ce temps-là, bien suffisante pour l'entretien
décent des Clercs en France, puisqu'une livre tournois d'alors équi-
vaudrait à deux écus romains d'aujourd'hui. Après son ordination,
notre Pascase vécut quelque temps dans sa famille, donnant à tous
ceux qui l'entouraient de grands exemples de vertu, jusqu'à ce
qu'enfin cédant à une inspiration intérieure, il résolut d'aller se
fixer à Paris, avec l'agrément de ses parents qui fournirent à son
entretien.

F I N